LE

RÊVE D'ISAURE

DIALOGUE

COMPOSÉ

EN L'HONNEUR DE S. G. Mgr LOUIS-ANNE DUBREIL

ARCHEVÊQUE D'AVIGNON

PAR UNE DOMINICAINE DE MAZAN

ET RÉCITÉ

PAR DEUX PENSIONNAIRES, LORS DE LA VISITE PASTORALE
DU 4 OCTOBRE 1871

—

TOULOUSE

IMPRIMERIE RIVES ET PRIVAT, RUE TRIPIÈRE, 9

—

1871

PERSONNAGES

CLÉMENCE ISAURE.

PAULA, son amie.

LE

RÊVE D'ISAURE

CLÉMENCE ISAURE (se promenant sur la scène. Elle tient un rouleau de parchemin).

Dieu fit aux mortels un don sublime quand il permit à leur faible intelligence de concevoir une partie des mystères de la création.

La nature est devenue un livre magnifique, la terre se laisse ravir ses secrets, et l'astre étincelant permet de mesurer la durée de sa course.

PAULA.

Vous avez raison, ma sœur, par la science un être
obscur peut attirer sur le chaume qui le vit naître les
regards et l'amour de la postérité, elle fait l'homme
grand, elle réveille les siècles endormis du sommeil de la
mort pour les traduire devant son tribunal, et puiser sa
propre instruction dans les événements du passé (1).
Mais, Clémence, il y a encore des faveurs plus signalées,
cette flamme qui brûle les cœurs de nos poètes ne vaut-
elle pas les froids calculs des savants?

CLÉMENCE.

Que dites-vous, Paula, oseriez-vous admettre une diffé-
rence entre un homme érudit et un poète?

PAULA.

Le ciel crée ces derniers, un labeur pénible forme les
autres.

CLÉMENCE.

Comment ! vous honorez du beau titre de disciple des
muses, tout rimeur quel qu'il soit?

(1) Mgr Dubreil, dans son discours sur l'histoire nationale, pro-
noncé au séminaire de Saint-Pons.

PAULA.

Faut-il donc un savoir approfondi pour briguer vos fleurs?

CLÉMENCE (animée).

Pour obtenir les suffrages des juges de l'Orme, on doit avoir un cœur ardent, une inspiration féconde, des instincts généreux, une âme grande et noble, et porter au front le sceau divin du génie.

PAULA (fièrement).

Un cœur ardent, tout Français le possède.

CLÉMENCE (avec majesté).

Hélas! Paula, que vous me comprenez mal. Il ne s'agit point ici des feux passagers d'un amour frivole, mais de cette ardeur sacrée qui se voue toute entière à Dieu et à la patrie.

Je n'acclame point l'imagination folâtre, non; je veux des images grandioses, des figures hardies, des pensées sublimes, et, je vous le demande, peuvent-elles être le partage d'un talent ordinaire.

PAULA.

Non, c'est chose impossible, cependant avez-vous pensé,

Clémence, que peu de mortels seront dignes de vos couronnes, vous les mettez à un prix si haut.

CLÉMENCE.

Que m'importe ! le vrai fils d'Apollon seul y aura droit !

PAULA.

Vous êtes trop exigeante !

CLÉMENCE.

Loin de là, mais je veux que dans les âges à venir une auréole éclatante pare la tête de mes poëtes, que la fleur, symbole de leur victoire soit une marque assurée d'un mérite éminent, le gage de l'admiration de leurs contemporains et un préservatif puissant contre l'injure de l'oubli.

PAULA.

Ainsi tout nom inscrit par Clémence Isaure survivra à celui qui le porte; je vous félicite et admire votre pouvoir.

CLÉMENCE.

Ne m'en attribuez pas l'efficacité étonnante, le génie se crée lui-même un abri contre les injustices de la postérité;

il s'élève si haut au dessus de la sphère vulgaire, qu'il peut être sûr d'un souvenir constant.

Chaque lettre échappée à sa plume se grave sur le marbre, et la force de son élégance le rend à jamais maître des esprits et des cœurs.

Il n'a pas besoin de distinctions pour devenir illlustre, tout au plus, il reçoit de ma faible main un témoignage d'amour, car j'aime les poëtes.

PAULA.

Je vous plains.

CLÉMENCE.

Votre exclamation m'étonne.

PAULA.

Vos bienfaits feront des ingrats.

Maintenant Toulouse vous admire ; mais le temps viendra.........

CLÉMENCE (l'interrompt d'un geste suppliant).

N'achevez pas... (Triste et pensive). Oui, je le sais, les troubadours ne se souviendront plus de moi. Ainsi qu'une fleur printannière caressée par l'haleine du zéphir se fâne et se flétrit au souffle glacial du vent du nord, je mourrai et ma mémoire s'effacera de la terre. On accusera mon nom d'imposture, on s'acharnera sur ma tombe pour me faire expier jusque chez les morts le culte et les honneurs qu'on me rend (1).

PAULA.

Que je regrette de vous avoir suggéré des pensées tristes et sombres, ne pleurez pas, Clémence, peut-être parmi tant de chantres quelqu'un redira vos vertus et montrera à ses compatriotes combien sont grands les services que vous avez rendus à notre littérature.

Ignore-tu, hélas, que la gloire s'enfuit,
Que tout ce qui fut grand pleura d'avoir porté,
Sur ce frêle roseau qu'on appelle la vie
Le redoutable poids de l'immortalité ? (2)

CLÉMENCE.

J'ai tort de m'alarmer, un secret espoir a fait battre mon cœur. Un rêve délicieux, l'autre jour, avait saisi mes sens. J'entendais les clameurs d'une foule ignorante et anxieuse, quand soudain une voix mâle et énergique imposait silence aux récriminations coupables. Etonnée,

---

(1) Mgr Dubreil, dans son éloquent discours sur Isaure.

(2) *Colomb dans les fers*, poésie de Mgr Dubreil, couronnée aux Jeux-Floraux.

je regarde, et au milieu des juges lyriques j'aperçois, debout, un des plus grands prélats de France. Tout en lui décèle la grandeur et la noblesse. Déjà maintes fleurs ornent sa lyre, le Souci, l'Eglantine brillent à côté de la couronne d'or.

Mais, c'est peu que cette gloire littéraire. Emule de Racine, il peut encore lutter avec le prince de l'éloquence chrétienne, les pères des premiers conciles. Il ne dédaigne pas, cependant, d'embrasser mon parti. Il le défend avec un succès manifeste; avec cette même ardeur que je lui vis plus tard déployer pour la cause de la foi contre l'univers entier.

PAULA.

Un tel panégyriste nous est-il destiné?

CLÉMENCE.

Oui, Paula; cette seule pensée me console et me dédommage de six siècles d'oubli!

PAULA.

Que votre sort est beau! Qu'ils sont heureux les mortels qui pourront admirer ce front où brille le double diadème de la vertu et du savoir!

CLÉMENCE.

Puisse le ciel conserver à la France un poète chéri!

PAULA.

A l'Eglise le plus ferme de ses champions!

LES PENSIONNAIRES.

Aux Dominicaines de Mazan, leur vénéré et bien aimé pasteur!

———

Nous ne saurions nous borner à redonner simplement la délicieuse composition d'une des filles de Saint Dominique, dans laquelle nous retrouvons les sentiments de notre propre cœur.

Un mot sur la réception en général, sera j'en suis sûre fort bien accueilli.

Le monastère entier avait pris un air de fête, partout des guirlandes de fleurs et de verdure, des écussons aux armes de Sa Grandeur et une quantité d'autres où se lisaient des devises charmantes, telles que :

A L'AMI DE PIE IX.
AU CHAMPION DE L'EGLISE.
AU VRAI PÈRE DES ORPHELINS.
A L'ANGE DE L'EGLISE D'AVIGNON, ETC.

La communauté se rendit à la porte claustrale, au devant de Monseigneur, accompagné d'un nombreux clergé; la joie brillait sur toutes les physionomies. Madame la Prieure se fit l'interprète de ses religieuses, avec son tact habituel si exquis.

L'illustre prélat affable comme l'est tout homme également élevé par la noblesse du cœur et la haute position qu'il occupe dans l'Eglise et dans notre société littéraire, daigna adresser les félicitations les plus flatteuses à l'habile directrice d'un de nos meilleurs pensionnats du Midi.

Les élèves avaient décoré la vaste salle d'étude avec goût. D'abord deux d'entre elles complimentaient Monseigneur.

Puis vint le dialogue, dont le débit ne laissa rien à désirer.

Sa Grandeur prononça quelques paroles touchantes dans ce beau langage qui la distingue, bénit les pensionnaires, visita l'établissement et donna partout des marques visibles de sa haute satisfaction.

Certes les Dominicaines peuvent être fières de la distinction qui vient de leur être départie, et qui, je l'avoue, est justement méritée.

Ces dames rendent des services réels, par l'éducation sérieuse qu'elles donnent aux enfants confiées à leur sollicitude maternelle. Puisqu'elles accomplissent le bien avec tant de talent et de générosité, nous leur souhaitons de l'opérer longtemps. Puisse leur monastère prospérer toujours comme il le fait, grâce à la protection bienveillante d'un de nos plus éminents évêques, et la direction ferme et sage d'une femme capable, secourue dans son labeur difficile par des filles dignes d'une telle mère.

C^{sse} PIA DE SAINT-HENRI,

Tertiaire de Saint-Dominique.

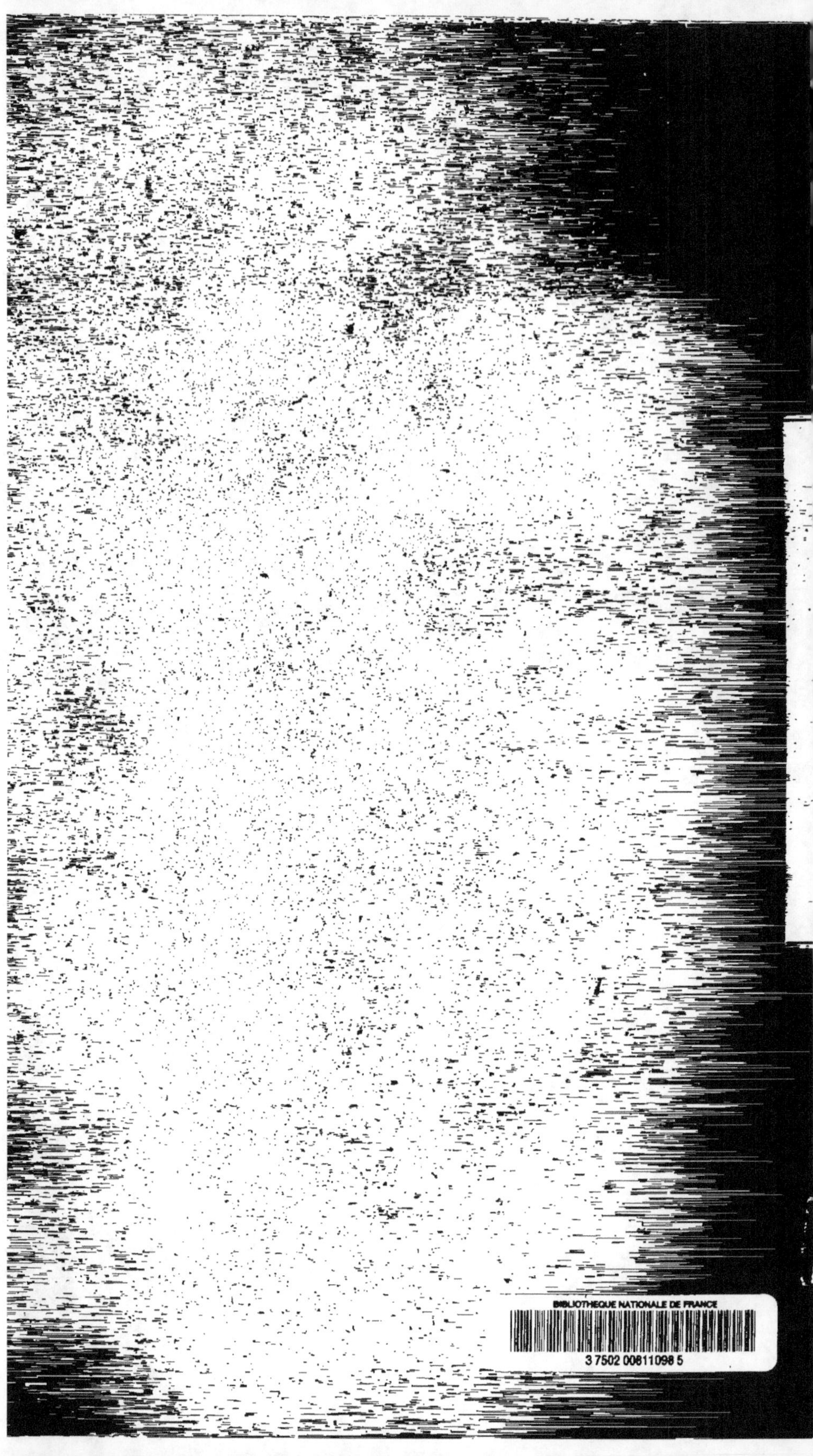

BIBLIOTHEQUE NATIONALE DE FRANCE
3 7502 006110985

9 782012 464315